Clever Coin Chronicles
By
Cassandra Thomas

Super Saving Sylvia

Budgeting Bernie

Investing Isaiah

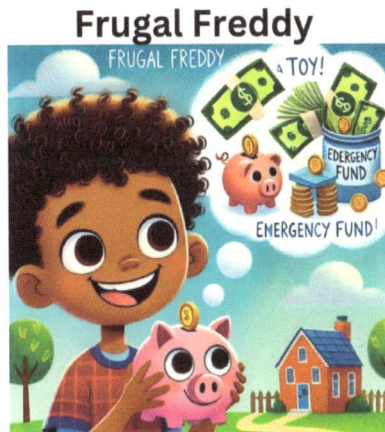

Frugal Freddy

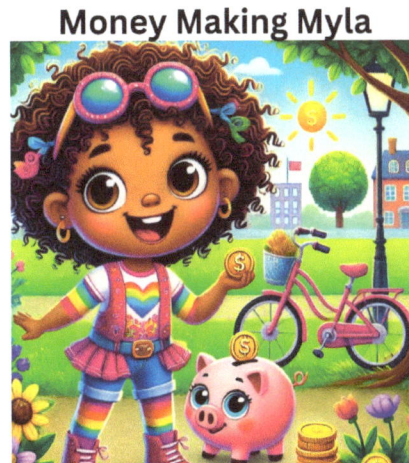

Money Making Myla

www.cassandrathomas.com

MONEY MAKING MYLA

Myla para ganar dinero

AND THE QUEST FOR EXTRA COINS

Presented by SanT Fin Lit Solutions Cassandra Thomas

Y LA BÚSQUEDA DE MONEDAS ADICIONALES

Presentado por Cassandra Thomas de SanT Fin Lit Solutions

Money Making Myla and the Quest for Extra Coins
By Cassandra Thomas
Myla, la creadora de dinero, y la búsqueda de monedas extra Por Cassandra Thomas

This is one of a group of children's books on money topics. SanT Fin Lit Solutions, LLC.

Este es uno de un grupo de libros para niños sobre temas relacionados con el dinero. SanT Fin Lit Solutions, LLC.

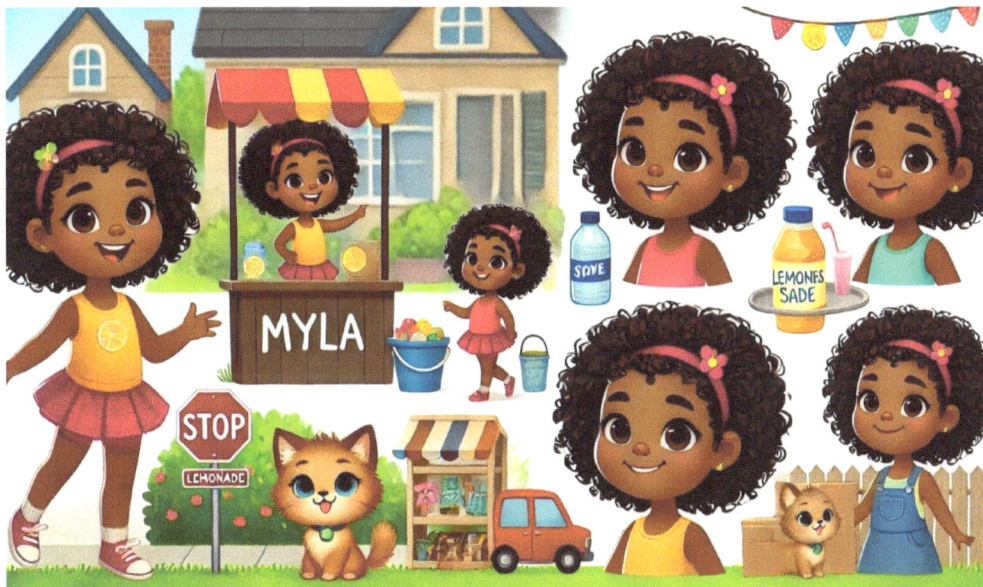

MEET MYLA, MONEY MAKING MYLA! MYLA IS CLEVER, KIND, AND ALWAYS LOOKING FOR WAYS TO HELP OUT WHILE EARNING SOME EXTRA COINS. SHE HAS BIG DREAMS, LIKE BUYING HER VERY OWN BIKE AND SAVING UP FOR A TRIP TO THE ZOO. LET'S FOLLOW MYLA AS SHE DISCOVERS FUN WAYS TO MAKE MONEY!

CONOZCA A MYLA, ¡LA MYLA QUE GANA DINERO! MYLA ES INTELIGENTE, AMABLE Y SIEMPRE BUSCA FORMAS DE AYUDAR MIENTRAS GANA MONEDAS ADICIONALES. TIENE GRANDES SUEÑOS, COMO COMPRAR SU PROPIA BICICLETA Y AHORRAR PARA IR AL ZOOLÓGICO. ¡SIGAMOS A MYLA MIENTRAS DESCUBRE FORMAS DIVERTIDAS DE GANAR DINERO!

Can you find the golden coin?

One day, Mrs. Garcia from next door asks Myla to watch her fluffy cat, Mittens, while she's away. Myla feeds Mittens, plays with her, and even brushes her fur. In return, Mrs. Garcia gives Myla a little money. Myla realizes Pet- Sitting is a great way to help her neighbors and earn more coins.

Un día, la señora García, que vive al lado, le pide a Myla que cuide a su gato peludo, Mittens, mientras ella no está. Myla alimenta a Mittens, juega con ella e incluso le cepilla el pelaje. A cambio, la señora García le da a Myla un poco de dinero. Myla se da cuenta de que cuidar mascotas es una excelente manera de ayudar a sus vecinos y ganar más monedas.

Can you find the golden coin?

Myla loves her old toys, but she doesn't play with all of them anymore. She decides to set up a "Toy Stand" in her yard. Myla cleans up her toys, makes fun signs, and sells them to other kids. By the end of the day, she's made her first few coins!

A Myla le encantan sus juguetes viejos, pero ya no juega con todos ellos. Decide montar un "puesto de juguetes" en su jardín. Myla recoge sus juguetes, hace carteles divertidos y se los vende a otros niños. Al final del día, ¡ha ganado sus primeras monedas!

Can you find the golden coin?

Myla notices that some neighbors have busy schedules and need help watering their gardens. She offers her "Plant Helper" services, keeping the flowers fresh and happy. Myla enjoys being outside, and her neighbors love the help.

Myla se da cuenta de que algunos vecinos tienen horarios muy ocupados y necesitan ayuda para regar sus jardines. Ella ofrece sus servicios de "Ayudante de Plantas", manteniendo las flores frescas y felices. A Myla le gusta estar al aire libre y a sus vecinos les encanta la ayuda.

Can you find the golden coins?

At home, Myla's parents suggest she can earn some money by doing extra chores. Myla cleans her room, helps with laundry, and even washes the car. She gets a few coins each time and feels proud of all the things she can do.

En casa, los padres de Myla le sugieren que puede ganar algo de dinero haciendo tareas domésticas adicionales. Myla limpia su habitación, ayuda con la ropa e incluso lava el coche. Recibe unas monedas cada vez y se siente orgullosa de todas las cosas que puede hacer.

On a sunny Saturday, Myla sets up a lemonade stand. She makes a batch of sweet, cold lemonade and decorates her stand with balloons. People stop by, and before she knows it, Myla's stand is the talk of the neighborhood! Myla learns that sharing something yummy can make everyone smile—and make her some coins, too.

Un sábado soleado, Myla monta un puesto de limonada. Prepara una tanda de limonada fría y dulce y decora su puesto con globos. La gente pasa por allí y, antes de que se dé cuenta, el puesto de Myla es la comidilla del vecindario. Myla aprende que compartir algo delicioso puede hacer sonreír a todos y, además, ganar algunas monedas.

Can you find the golden coin?

One afternoon, Myla and her Auntie bake cupcakes and cookies. Myla has so much fun, and Auntie suggests they sell a few treats at the park. Myla learns about baking, counting, and sharing— all while earning more coins.

Una tarde, Myla y su tía hornean pastelitos y galletas. Myla se divierte mucho y su tía sugiere que vendan algunas golosinas en el parque. Myla aprende a hornear, a contar y a compartir, todo mientras gana más monedas.

Myla counts her coins and decides to save half of her money in her piggy bank. She learns that saving is just as important as earning. By the end of the month, Myla has enough to buy her bike and still has some saved up for her zoo trip!

Myla cuenta sus monedas y decide ahorrar la mitad de su dinero en su alcancía. Aprende que ahorrar es tan importante como ganar. ¡A fin de mes, Myla tiene suficiente para comprar su bicicleta y todavía tiene algo ahorrado para su viaje al zoológico!

Myla's Tips for Young Money Makers!
1. Share your toys by setting up a toy

    stand.
 2. Help neighbors with pets—they love it!
3. Run a lemonade stand or bake sale.
4. Offer to water plants for neighbors.
5. Do extra chores at home for some extra coins.
6. Save half of what you earn for something big!

Los consejos de Myla para los jóvenes que quieren ganar dinero!

1. Comparte tus juguetes organizando una fiesta de juguetes pararse.
2. Ayuda a tus vecinos con sus mascotas: ¡les encanta!
3. Organiza un puesto de venta de limonada o una venta de pasteles.
4. Ofrécete a regar las plantas de los vecinos.
 5. Haz tareas domésticas adicionales para ganar algo de dinero extra.
6. ¡Ahorra la mitad de lo que ganes para algo grande!

Money Making Myla and the Quest for Extra Coins is one of a set of five books on money topics. *Investing Isaiah: A Beginners Guide to investing Budgeting Bernie and the Brilliant Budget! Super Saving Sylvia and the Magic of Saving! Frugal Freddy's Fantastic Savings Tips!*

Myla, la creadora de dinero y la búsqueda de monedas extra es uno de los cinco libros que tratan temas relacionados con el dinero. Invertir Isaías: una guía para principiantes sobre cómo invertir Presupuesto Bernie y el brillante presupuesto ¡Sylvia, la súper ahorradora, y la magia del ahorro! ¡Los fantásticos consejos de ahorro de Frugal Freddy!

Money Making Myla is happy, and so are her neighbors and friends. She's learned that with a little creativity and kindness, she can help others and make her dreams come true! What would you like to save up for? Just like Myla, you can get creative and start earning, too!

Myla está feliz, al igual que sus vecinos y amigos. Ha aprendido que con un poco de creatividad y amabilidad, puede ayudar a los demás y hacer realidad sus sueños. ¿Para qué te gustaría ahorrar? Al igual que Myla, ¡tú también puedes ser creativo y comenzar a ganar dinero!

Earning money is just the beginning. It is important to save, budget, and invest in order to make your money grow.

Ganar dinero es solo el comienzo. Es importante ahorrar, presupuestar e invertir para que tu dinero crezca.

To learn more about financial topics visit www.cassandrathomas.com

Para obtener más información sobre temas financieros, visite www.cassandrathomas.com

Budgeting Bernie's Brilliant Budget!
¡El brillante presupuesto de Bernie!

By Cassandra Thomas

This is one of a set of five books on money topics to assist children and adults in money management.

Este es uno de un conjunto de cinco libros sobre temas de dinero para ayudar a niños y adultos en la administración del dinero.

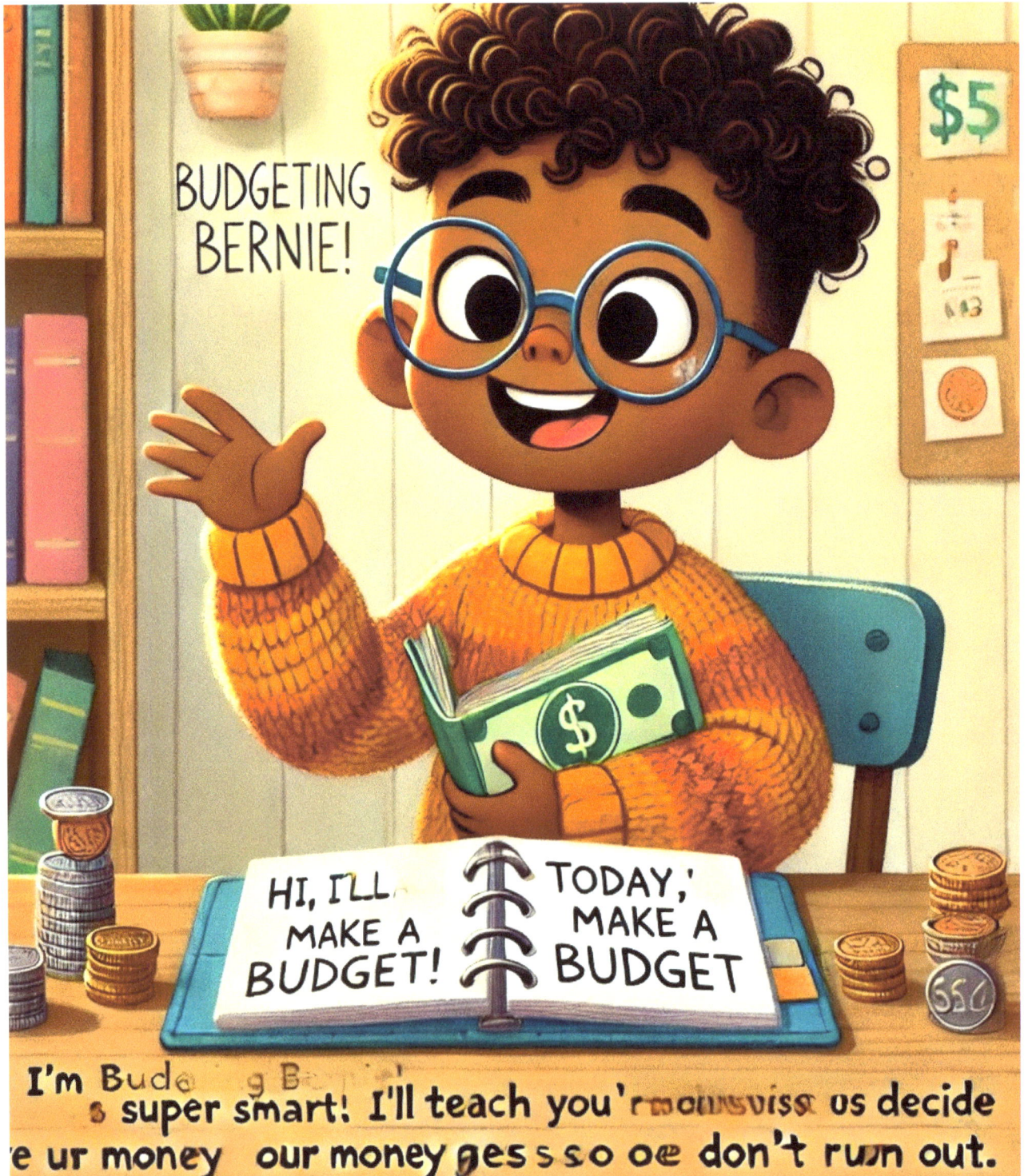

"Hi, I'm Budgeting Bernie! Today, I'll teach you something super smart: how to make a budget! A budget is a plan that helps us decide where our money goes so we don't run out."

"Hola, soy Bernie, el experto en presupuestos. Hoy te enseñaré algo muy inteligente: ¡cómo hacer un presupuesto! Un presupuesto es un plan que nos ayuda a decidir en qué gastamos nuestro dinero para que no se nos acabe".

"First, we need to know what things are important to spend money on, like food and clothes. These are called 'needs.' Then, we have 'wants,' like toys and treats. We put money for both in our budget!"

"En primer lugar, tenemos que saber en qué cosas es importante gastar dinero, como comida y ropa. A estas se las llama 'necesidades'. Luego están los 'deseos', como juguetes y golosinas. ¡Incluimos dinero para ambos en nuestro presupuesto!"

"We start with the money we have. This is called 'income.' It could be allowance, birthday money, or from small jobs. We'll make a list of needs, wants, and save a little, too!"

"Empezamos con el dinero que tenemos. A esto lo llamamos 'ingresos'. Puede ser dinero de mesada, dinero de cumpleaños o de pequeños trabajos. Haremos una lista de necesidades y deseos, ¡y ahorraremos un poco también!"

"Saving is important because it helps us be ready for surprises! When we save a bit each time, we can buy bigger things later or have money just in case."

"Ahorrar es importante porque nos ayuda a estar preparados para las sorpresas. Si ahorramos un poco cada vez, podemos comprar cosas más grandes más adelante o tener dinero para cualquier cosa".

"Now, with our budget plan, we know how much we can spend on fun things and still have enough for our needs. That's the magic of budgeting—it keeps us in control!"

"Ahora, con nuestro plan presupuestario, sabemos cuánto podemos gastar en cosas divertidas y aún así tener suficiente para nuestras necesidades. Esa es la magia de la elaboración de presupuestos: ¡nos permite mantener el control!"

"When we use our budget, we feel great because we're smart with our money. We can enjoy what we love, save for later, and never have to worry about running out!"

"Cuando usamos nuestro presupuesto, nos sentimos muy bien porque somos inteligentes con nuestro dinero. Podemos disfrutar de lo que nos gusta, ahorrar para más adelante y nunca tener que preocuparnos por quedarnos sin dinero".

"Thanks for learning about budgeting with me! Remember, when you make a budget, you're the boss of your money. Let's keep saving, spending smart, and having fun!"

"¡Gracias por aprender a hacer un presupuesto conmigo! Recuerda, cuando haces un presupuesto, eres el jefe de tu dinero. ¡Sigamos ahorrando, gastando de manera inteligente y divirtiéndonos!"

SAN T WRITES

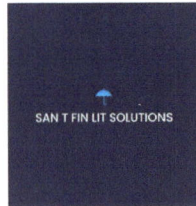

SAN T FIN LIT SOLUTIONS

Budgeting Bernie's Brilliant Budget is one of five books on money topics. They are sold as a set. *Money Making Myla and the Quest for Extra Coins Investing Isaiah: A beginners guide to investing. Super Saving Sylvia and the Magic of Saving! Frugal Freddy 's Fantastic Saving's Tips*

Presupuesto El brillante presupuesto de Bernie es uno de los cinco libros sobre temas financieros. Se venden como un conjunto. Ganar dinero Myla y la búsqueda de monedas adicionales Invertir Isaías: una guía para principiantes sobre inversiones. ¡Sylvia, la súper ahorradora, y la magia del ahorro! Los fantásticos consejos para ahorrar de Frugal Freddy

A budget is simply having a plan for your money.

Un presupuesto es simplemente tener un plan para tu dinero.

Steady planning brings prosperity. Proverbs 21:5

La planificación constante trae prosperidad. Proverbios 21:5

Sample Percentage Chart for Budgeting

10% Giving
20% Saving
60% Living
10% miscellaneous

Ejemplo de gráfico de porcentajes para la elaboración de presupuestos

10% Donación
20% Ahorro
60% Vivienda
10% Varios

Monthly Budget

JAN FEB MAR APR MAY JUN
JUL AUG SEP OCT NOV DEC

INCOME	BUDGET	ACTUAL
TOTAL		

SAVINGS	BUDGET	ACTUAL
TOTAL		

EXPENSES	BUDGET	ACTUAL
TOTAL		

SINKING FUNDS	BUDGET	ACTUAL
TOTAL		

DEBT	BUDGET	ACTUAL
TOTAL		

SUMMARY	BUDGET	ACTUAL
TOTAL INCOME		
TOTAL EXPENSES		
TOTAL SAVINGS		
TOTAL SINKING FUNDS		
TOTAL DEBT		
REMAINING		

For more information on budgeting visit www.cassandrathomas.com

Para obtener más información sobre presupuestos, visite www.cassandrathomas.com

Super Saving Sylvia and the Magic of Saving!
¡Sylvia la Súper Ahorradora y la Magia del Ahorro!

By Cassandra Thomas

This is one of a set of five books on money topics to assist children and adults in money management.

Este es uno de un conjunto de cinco libros sobre temas de dinero para ayudar a niños y adultos en la administración del dinero.

Meet Super Saving Sylvia! She's not your ordinary superhero. Her power? She knows how to SAVE money!

¡Conoce a Sylvia, la súper ahorradora! No es una superheroína común y corriente. ¿Su poder? ¡Sabe cómo AHORRAR dinero!

One day, Sylvia's friends saw a new toy they really wanted. 'Let's buy it!' they said. But Sylvia had a plan.

Un día, los amigos de Silvia vieron un juguete nuevo que querían mucho. "¡Vamos a comprarlo!", dijeron. Pero Silvia tenía un plan.

Sylvia told her friends, "I split my money into three jars—Save, Spend, and Share. Today, I want to talk about my Save jar."

Sylvia les dijo a sus amigas: "Divido mi dinero en tres frascos: Ahorrar, Gastar y Compartir. Hoy quiero hablar sobre mi frasco Ahorrar".

"An emergency fund is money saved up for surprises—like if my bike breaks, or if I want to help my pet get better. It keeps me safe and ready!"

"Un fondo de emergencia es dinero ahorrado para imprevistos, como si se me rompe la bicicleta o si quiero ayudar a mi mascota a recuperarse. ¡Me mantiene a salvo y preparado!"

Each time Sylvia earned a little money, she put some into her Save jar. "It's like a magic jar," Sylvia said, "The more I save, the stronger my fund grows!"

Cada vez que Sylvia ganaba un poco de dinero, lo ponía en su frasco de ahorros. "Es como un frasco mágico", dijo Sylvia, "¡cuanto más ahorro, más crece mi fondo!"

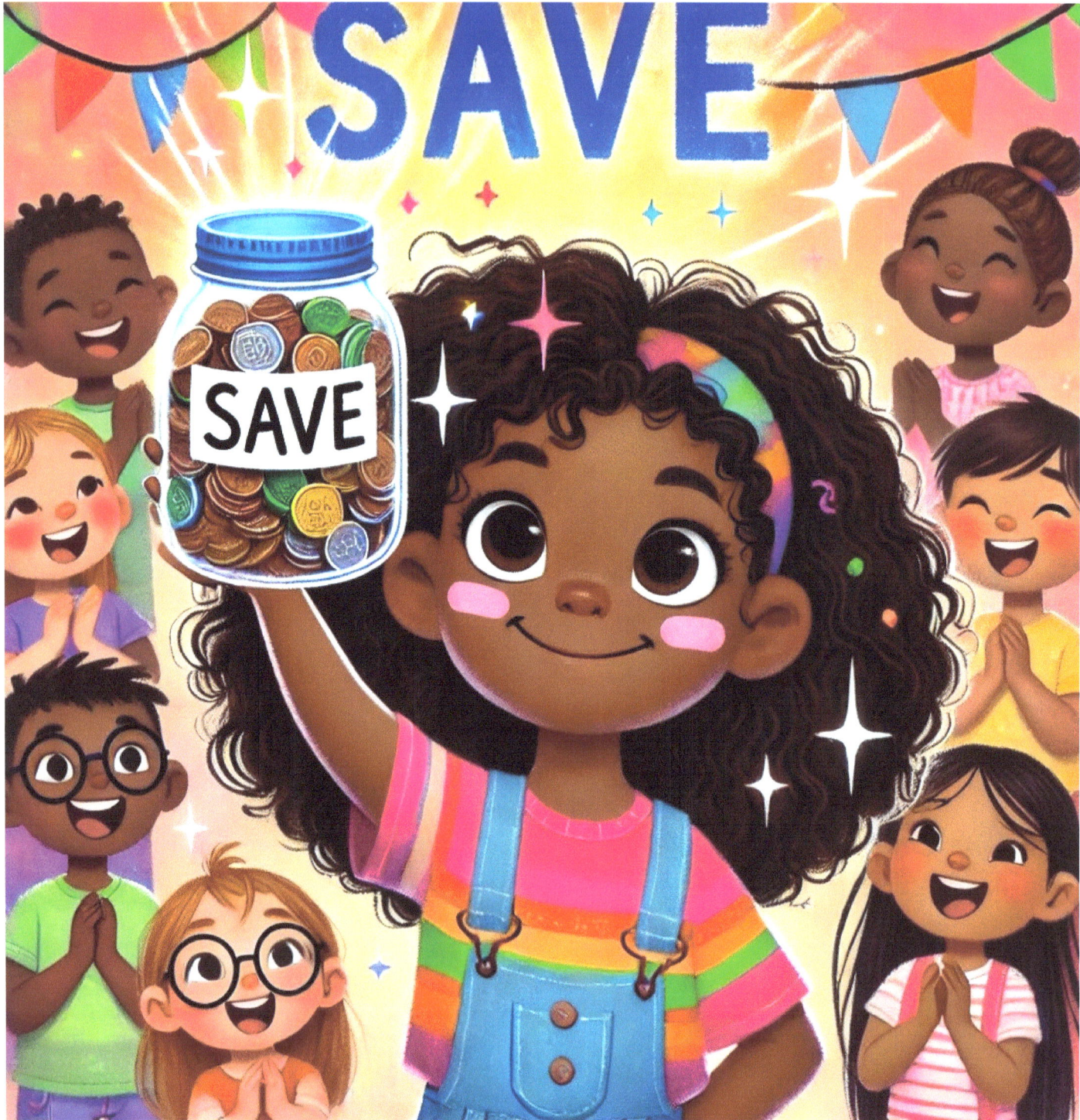

Super Saving Sylvia smiled, "Saving money is like building a shield. We'll be ready for any surprise that comes our way!"

Sylvia, la súper ahorradora, sonrió: "Ahorrar dinero es como construir un escudo. ¡Estaremos preparados para cualquier sorpresa que se nos presente!"

Soon, Sylvia's friends started their own Save jars. They each added a little bit, knowing they were growing their own emergency funds.

Pronto, los amigos de Sylvia empezaron a crear sus propios frascos de ahorro. Cada uno de ellos aportó un poco, sabiendo que estaban aumentando sus propios fondos de emergencia.

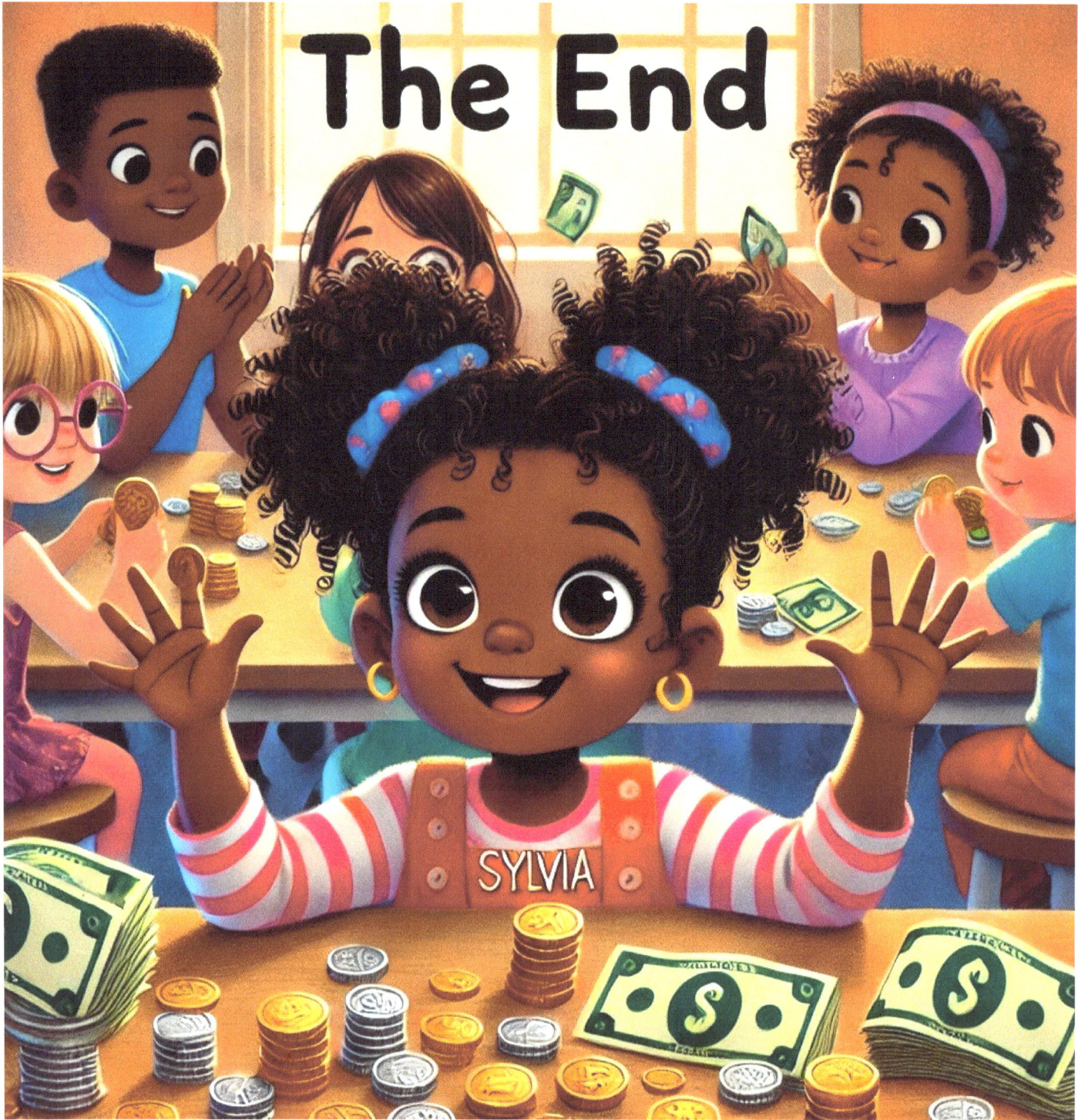
The End

And so, thanks to Super Saving Sylvia, everyone learned that saving a little today could make a big difference tomorrow. The End.

Y así, gracias a Sylvia, la súper ahorradora, todos aprendimos que ahorrar un poco hoy puede hacer una gran diferencia mañana. Fin.

Super Saving Sylvia enjoys sharing with those who are less fortunate, so she gives to charities that help children.

A Sylvia, la super ahorradora, le gusta compartir con aquellos que son menos afortunados, por lo que dona a organizaciones benéficas que ayudan a los niños.

Super Saving Sylvia and the Magic of Saving is one of five books on money topics. They are sold as a set. *Money Making Myla and the Quest for Extra Coins Investing Isaiah: A beginners guide to investing Budgeting Bernie's Brilliant Budget Frugal Freddy 's Fantastic Saving's Tips*

Sylvia y la magia del ahorro: el súper ahorro es uno de los cinco libros sobre temas relacionados con el dinero. Se venden como un conjunto. Ganar dinero Myla y la búsqueda de monedas adicionales Invertir Isaías: una guía para principiantes sobre inversiones Presupuesto El brillante presupuesto de Bernie Los fantásticos consejos para ahorrar de Frugal Freddy

It is more blessed to give than to receive. Acts 20:35

Hay más dicha en dar que en recibir. Hechos 20:35

Investing Isaiah's Journey to Multiplying Money!

¡El viaje de Isaías hacia la multiplicación del dinero!

A beginners guide to investing.

By Cassandra Thomas

This book is one of a set of five on money related topics. Presented by SanT FinLit Solutions & Cassandra Thomas

Este libro forma parte de un conjunto de cinco sobre temas relacionados con el dinero. Presentado por SanT FinLit Solutions y Cassandra Thomas

"Hi there! I'm Investing Isaiah. Have you ever heard about investing? It's a way to make your money grow like magic beans! Come along with me, and I'll teach you the secrets to becoming a smart investor."

"¡Hola! Soy Isaías el inversor. ¿Has oído hablar de la inversión? ¡Es una forma de hacer que tu dinero crezca como si fuera un grano de arena! Acompáñame y te enseñaré los secretos para convertirte en un inversor inteligente".

"The first step to investing is saving. Imagine you get an allowance or birthday money. Instead of spending it all on candy, you can put some of it aside. That's called saving! The more you save, the better you'll be at investing one day!"

"El primer paso para invertir es ahorrar. Imagina que recibes una mesada o dinero por tu cumpleaños. En lugar de gastarlo todo en dulces, puedes apartar una parte. ¡A eso se le llama ahorrar! Cuanto más ahorres, mejor serás invirtiendo algún día"

"A budget helps you know how much to spend, save, and invest. If you get $10, maybe spend $5, save $3, and keep $2 for investing. That way, you'll have a plan for every dollar!"

"Un presupuesto te ayuda a saber cuánto gastar, ahorrar e invertir. Si tienes $10, tal vez gastes $5, ahorres $3 y guardes $2 para invertir. De esa manera, tendrás un plan para cada dólar".

"When you invest, it's like planting a money tree. Over time, your money grows bigger and bigger! Investing is a way to help your savings grow by putting it in places where it can earn more."

"Cuando inviertes, es como plantar un árbol del dinero. Con el tiempo, tu dinero crece cada vez más. Invertir es una forma de ayudar a que tus ahorros crezcan al colocarlos en lugares donde puedan generar más ganancias".

"Imagine you could own a small part of your favorite company, like a toy store or a sports team! When you buy a stock, you're buying a small piece of a company. If the company does well, your stock may be worth more!"

"Imagínese que pudiera poseer una pequeña parte de su empresa favorita, como una juguetería o un equipo deportivo. Cuando compra acciones, está comprando una pequeña parte de una empresa. Si a la empresa le va bien, sus acciones pueden valer más".

"A bond is like giving a loan to a company or government. They promise to pay you back with a little extra. Bonds are a safer way to invest but usually grow slower than stocks."

"Un bono es como darle un préstamo a una empresa o a un gobierno. Te prometen devolverlo con un pequeño extra. Los bonos son una forma más segura de invertir, pero suelen crecer más lentamente que las acciones".

"The longer you keep your money invested, the more it can grow. That's called compounding. Even small amounts get bigger over time! So, be patient and watch your money tree grow!"

"Cuanto más tiempo mantengas tu dinero invertido, más podrá crecer. Eso se llama interés compuesto. ¡Incluso las cantidades pequeñas se hacen más grandes con el tiempo! Así que ten paciencia y observa cómo crece tu árbol de dinero".

"Sometimes, investing can take time. Stocks can go up and down, like a roller coaster! But if you stay calm and let your money grow, you'll see the benefits later. Patience is key to being a great investor!"

A veces, invertir puede llevar tiempo. Las acciones pueden subir y bajar, ¡como una montaña rusa! Pero si mantienes la calma y dejas que tu dinero crezca, verás los beneficios más adelante. ¡La paciencia es clave para ser un gran inversor!"

"You don't need a lot of money to start. Even a few dollars can grow over time. And if you have questions, ask an adult who knows about money. Learning more makes you smarter with your money!"

"No necesitas mucho dinero para empezar. Incluso unos pocos dólares pueden hacerte ganar dinero con el tiempo. Y si tienes dudas, pregúntale a un adulto que sepa de dinero. ¡Aprender más te hace más inteligente con tu dinero!"

"Now you know the basics! Saving, budgeting, stocks, and bonds are just the beginning. Start small, be patient, and keep learning. Who knows, one day you could be an investing superstar!"

"¡Ahora ya conoces los conceptos básicos! Ahorrar, hacer un presupuesto, invertir en acciones y bonos es solo el comienzo. Empieza de a poco, ten paciencia y sigue aprendiendo. ¡Quién sabe, algún día podrías convertirte en una superestrella de la inversión!"

Join Isaiah and friends on a fun and simple journey to learn about saving, budgeting, and investing. Kids can become smart savers and investors, just like Isaiah!

Únase a Isaiah y sus amigos en un viaje divertido y sencillo para aprender sobre ahorro, presupuesto e inversión. ¡Los niños pueden convertirse en ahorradores e inversores inteligentes, como Isaiah!

SAN T FIN LIT SOLUTIONS

Frugal Freddy's Fantastic Savings Tips!
Los fantásticos consejos de ahorro de Frugal Freddy!

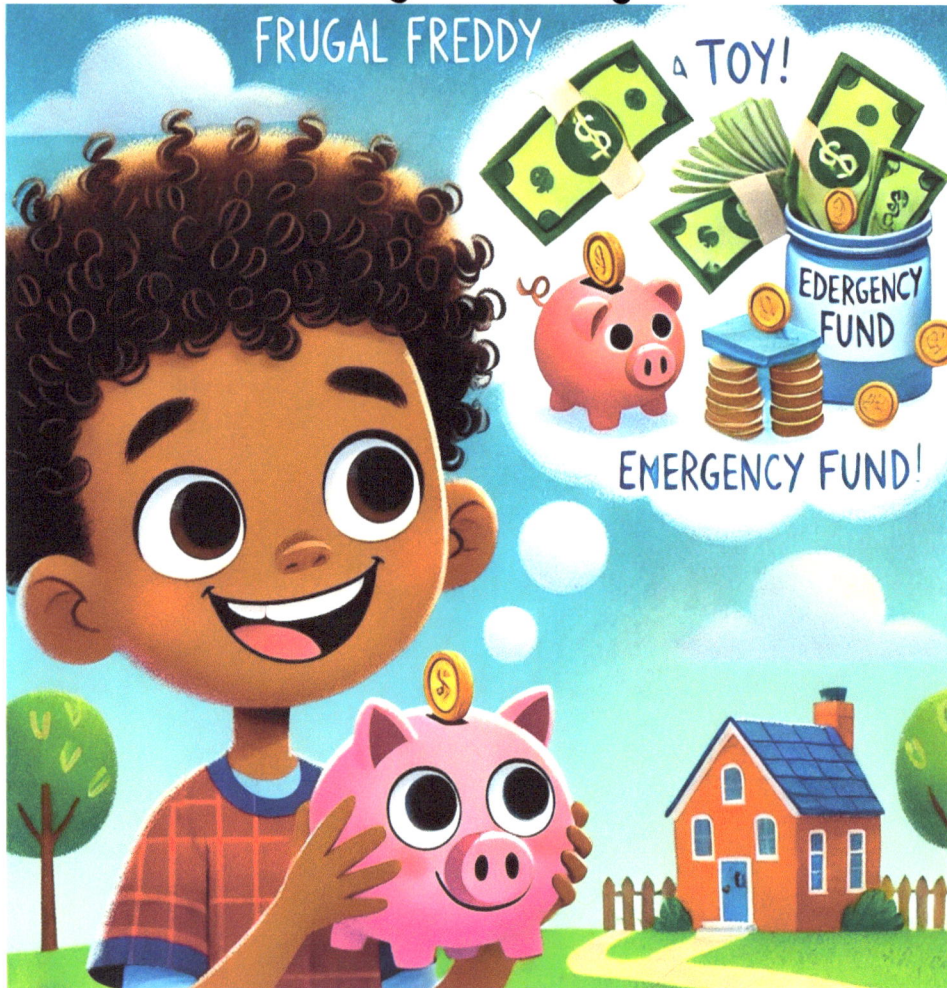

By Cassandra Thomas

This is one of a set of five books on money topics.

Este es uno de un conjunto de cinco libros sobre temas relacionados con el dinero.

Meet Frugal Freddy! Freddy is a smart shopper and loves finding ways to make his money go further.

¡Conoce a Frugal Freddy!
Freddy es un comprador inteligente y le encanta encontrar formas de aprovechar al máximo su dinero.

Freddy knows that making a shopping list helps him stick to what he really needs.

Freddy sabe que hacer una lista de compras le ayuda a ceñirse a lo que realmente necesita.

Freddy buys in bulk to save money! He only buys what he knows he'll use, so nothing goes to waste.

Freddy compra al por mayor para ahorrar dinero. Solo compra lo que sabe que va a utilizar, así no desperdicia nada.

Freddy also likes to use coupons and shop for sales. He checks prices to make sure he's getting the best deal.

A Freddy también le gusta usar cupones y buscar ofertas. Comprueba los precios para asegurarse de conseguir la mejor oferta.

When Freddy buys things, he looks for ways to make them last longer. For example, he washes his clothes with care to keep them nice and new.

Cuando Freddy compra cosas, busca la manera de que duren más. Por ejemplo, lava su ropa con cuidado para mantenerla como nueva.

He also knows that fixing things can be fun and saves money! Freddy learned to patch up his backpack and fix his toys.

¡También sabe que arreglar cosas puede ser divertido y ahorrar dinero! Freddy aprendió a repararsu mochila y arreglar sus juguetes.

And Freddy doesn't spend all his money. He saves some in a special jar labeled 'Emergencies Only.'

Y Freddy no gasta todo su dinero. Guarda algo en un frasco especial etiquetado como "Solo para emergencias".

Freddy's emergency savings make him feel safe, knowing he can handle surprises like fixing a broken toy or buying a new book.

Los ahorros de emergencia de Freddy le hacen sentir seguro, sabiendo que puede afrontar sorpresas como arreglar un juguete roto o comprar un libro nuevo.

Frugal Freddy loves finding ways to save and make things last. You can be like Freddy too—smart and prepared for anything!

A Freddy, el frugal, le encanta encontrar formas de ahorrar y hacer que las cosas duren. Tú puedes ser como Freddy Demasiado inteligente y preparado para cualquier cosa!

_____

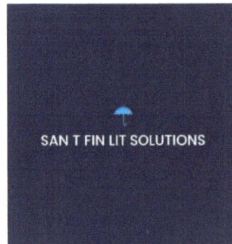

Money Saving Tips for Kids and Families

Set a Savings Goal: Whether it's for a toy, a game, or a family outing, having a clear goal can make saving more exciting.

Use a Piggy Bank or Jar: Save spare change and label jars for different purposes, like "Fun," "Gifts," and "Emergency."

Earn Extra Money: Help with chores, babysit, or sell old toys and clothes to earn additional income.

Shop Smart: Use coupons, look for sales, and compare prices before making purchases.

Make DIY Gifts: Create handmade cards, crafts, or baked goods instead of buying expensive gifts.

Borrow or Trade: Borrow books, games, or tools instead of buying new ones. Swap toys or clothes with friends.

Pack Lunches: Bring homemade lunches and snacks instead of buying food, saving both money and health.

Turn Off Lights and Electronics: Save on electricity by turning off lights and unplugging devices when not in use.

Consejos para ahorrar dinero para niños y familias

Establezca una meta de ahorro: ya sea para un juguete, un juego o una salida familiar, tener una meta clara puede hacer que ahorrar sea más emocionante.

Use una alcancía o un frasco: guarde monedas sueltas y etiquete los frascos para diferentes propósitos, como "Diversión", "Regalos" y "Emergencia".

Gana dinero extra: ayuda con las tareas del hogar, cuida niños o vende juguetes y ropa viejos para obtener ingresos adicionales.

Compre inteligentemente: use cupones, busque ofertas y compare precios antes de realizar compras.

Haga regalos usted mismo: cree tarjetas, manualidades o productos horneados hechos a mano en lugar de comprar regalos costosos.

Préstamo o intercambio: tome prestados libros, juegos o herramientas en lugar de comprar otros nuevos. Intercambie juguetes o ropa con amigos.

Almuerzos para llevar: Lleve almuerzos y refrigerios hechos en casa en lugar de comprar comida, ahorrando así dinero y salud.

Apague las luces y los dispositivos electrónicos: ahorre electricidad apagando las luces y desenchufando los dispositivos cuando no los utilice.

Frugal Freddy 's Fantastic Saving's Tips is one of five books on money topics. They are sold as a set and individually.
Money Making Myla and the Quest for Extra Coins Investing Isaiah: A beginners guide to investing. Super Saving Sylvia Budgeting Bernie

Consejos fantásticos para ahorrar de Frugal Freddy es uno de los cinco libros sobre temas de dinero. Se venden como un conjunto y de forma individual.
Ganar dinero Myla y la búsqueda de monedas adicionales Invertir Isaías: una guía para principiantes sobre inversión. Sylvia, la súper ahorradora Bernie, el presupuesto

www.ingramcontent.com/pod-product-compliance
Lightning Source LLC
Chambersburg PA
CBHW041717210326
41598CB00007B/689